AF280931

"Die Welt ist im Großen und Ganzen reglementiert wie die Produktionsabläufe in einer Fabrik: Das dichte Netz von Beziehungen schreibt den Individuen ein streng geordnetes Alltagsleben vor. Kulturindustrie ergänzt dieses Disziplinarregime, indem sie neben dem Körper auch die SEELE integriert. Denn hier darf sich der in die Produktion eingespannte Körper nach Feierabend im Gehege der Seele erholen und sich für den nächsten Tag wiederherstellen. Die Fluchten aus dem Alltag, die Vorstellungen eines anderen und besseren Lebens lassen sich so in ein totalitäres Alltagsleben ohne jedes AUßEN integrieren."

Tom Holert & Mark Terkessidis, 1996 in: MAINSTREAM DER MINDERHEITEN

UUU 008/009:
SCHÜLER & SCHARLATANE

Vor der OP wollte ich zu viele Projekte zu Ende bringen, um mich dem neuen noch besser ohne Altlasten voll und ganz hinzugeben, aber im Endeffekt musste ich alles unter Narkose loslassen, obwohl es noch nicht für die Nachwelt perfekt aufbereitet war. Jetzt knüpfe ich allmählich wieder an all die unerledigten Ideen an und mache quasi nahtlos dort weiter, wo ich das alte Leben verließ. Gibt es einen Unterschied? Bislang stolper ich über kein zusätzliches Problem, das durch die zeitliche Lücke entstanden wäre, eher im Gegenteil: es ist beruhigend und auch irgendwie gruselig, dass meine Abwesenheit nicht dazu führte, dass sich die ganze Situation in meinem sozialen Umfeld geändert hätte. Stattdessen sehe ich nach und nach all die fremden Menschen wieder, die zur Kulisse meiner Umgebung gehören, wie sie ihre immergleichen Bahnen ziehen, als hätte mein unauffälliges Verschwinden nur einen einzigen Tag gedauert. **Im Grunde habe ich nichts verpasst, was mich schon vorher zu Tode langweilte.** Den Schnee hätte ich gerne auf dem Nordfriedhof erlebt, diese weiße Stille auf den Gräbern und die andächtige Reinheit auf der Wiese vor der Kapelle. Aber dafür kam ich immerhin pünktlich zur Magnolienblüte zurück und konnte frühmorgens den Grünarbeitern zuschauen, wie sie die Früh-

Tom de Toys

DAS ABSOLUT WAHRE BUCH

Lesbare Live-Literatur
(Prosa, Poesie, Poetologie und ein Pamphlet)

Hrsg. G&GN-INSTITUT
© Slampoesie.de 2024

Tom de Toys (geboren am 24.1.1968 in Jülich). Entwickelte 1989 die antimetaphorisch-direkte *"NEUROPOESIE"* aufgrund seiner LOCHISMUS-Erfahrung, gründete 1990 das G&GN-Institut, entdeckte zur Repolitisierung echter Liebeslyrik gegen den germanistischen Etikettenschwindel 1994 die *"Erweiterte Sachlichkeit"* (liebe2go.de), gewann 2000 den 1.Nahbellpreis (poesiepreis.de) und erfand 2001 die Quantenlyrik. 2019 erfolgte die Reaktivierung seiner Nondualjazz-Musikreform *"Das desinteressierte Klavier"* von 1986. Lebt seit 2012 nach 14 Jahren Berlin in Düsseldorf-Eller Süd. Arbeitet seit Juli 2023 als Chauffeur für Trauergäste auf dem Düsseldorfer Nordfriedhof. Schreibt seit 2015 als Gastautor neuroatheistische Essays für die LDL (Liga der Leeren, urruhe.de) zur Überwindung spiritueller Selbstlügen:

NULLNERD.de & NONDUALIST.de

Das **G&GN-INSTITUT** (ursprünglich eigentlich: *"Institut für Ganz & GarNix"*) wurde 1990 in Köln-Efferen gegründet und dient dem Eventmanager, Redakteur, Rezitator, Herausgeber, Kurator, Performer, Fotograf, Nondualjazz-Pianist, Maler und Neuropoet De Toys zur neurosoziologischen Erforschung der Möglichkeiten kultureller Mittel, den zivilisatorischen Prozess der Menschheit nachhaltig zu beeinflussen, ohne von institutionalisierter Förderung abhängig zu sein: G-GN.de

ORIGINALAUSGABE Oktober 2024
ISBN 978-3-7597-4944-4
© G&GN-Institut @ Lyrikperformance.de

Verlag: BoD . Books on Demand GmbH,
In de Tarpen 42, 22848 Norderstedt
Druck: Libri Plureos GmbH,
Friedensallee 273, 22763 Hamburg

lingspflanzung in die Wege leiten. Jetzt blühen knatschgelbe und violette Stiefmütterchen an den Rändern der Kapellenwiese, als hätte der französische Streifenkünstler Daniel Buren einen Auftrag vom Gartenamt erhalten, die Anfahrtswege perspektivisch zu illuminieren. Drei Tage Regen zur Begrüßung und diese durchnässten Pantoffeln, die ich jetzt über zwei Monate als einziges Schuhwerk tragen konnte, weil ich noch immer keine Schnürsenkel am operierten Bein binden kann. Aber was wenigstens wieder funktioniert, sind die Reißverschlüsse der schicken Schnabelschuhe: der Unterschenkel lässt sich bereits so weit anwinkeln, dass ich sie relativ leicht im Stehen an der Tür beim Verlassen der Wohnung zuziehen kann, also in einem Rutsch der Bewegungsabläufe, die morgens früh klappen müssen, ohne schon nassgeschwitzt in der Bahn anzukommen. Und so sieht der Chauffeur mittlerweile schon wieder ganz ordentlich aus, um mit den Schwarzarbeitern in ihren maßgeschneiderten Uniformen einigermaßen mithalten zu können. In dieser ersten Arbeitswoche ab dem 20.Tag nach der Rehaklinik, dem 47.Arbeitstag seit meiner Abwesenheit und dem 63.Tag ab der Operation (am 9.Januar) traf ich bereits viele Menschen wieder, die sich über meine Rückkehr freuten und nun wieder ins Gesamtbild meiner Lebenszeit gehören. Das unerwartete Sahnehäubchen auf diese erste Woche im Dienst war allerdings eine Begegnung am Freitagnachmittag kurz vor Feierabend, mit der ich nicht im Geringsten gerechnet hatte: die Physiotherapeutin aus dem Krankenhaus, die mich nach der OP eine Woche lang mit Lymphdrainagen behandelt hatte, suchte den Weg zu einem Grab und ich konnte sie letztlich erfolgreich dorthin chauffieren. Sie war es, die ich im Patientenbericht als einzige ernstzunehmende Fachkraft im KH verewigte, als ich das unprofessionelle Chaos auf der Station beschrieb. **Nie wieder OP bei einem Belegarzt! Ein Krankenhaus, in dem man von Scharlatanen und Schülern betreut wird, ist kein Beweis für den Pflegenotstand oder Fachkräftemangel, sondern zeugt davon, dass eine ganze Station nicht auf das Krankheitsbild seiner Hauptpatienten eingespielt ist, sondern jeder nur das Allernötigste tut, um zu vertuschen, dass eigentlich gar nichts korrekt läuft, was in anderen Krankenhäusern ganz selbstverständlich dazu gehört, wenn der Operateur selber die Station leitet.** Aber was soll ich mich schon wieder aufregen, es ist passiert und ich habe es mit meiner eigenen Art von Gelassenheit überstanden, das Beste draus gemacht und eine ganze Menge über das gesamte System dazu gelernt. Und ich habe in der Reha mehrere Tipps von Patienten erhalten, die ebenfalls *"Hüfte hatten"*, in welchen Krankenhäusern die Zustände bis ins Detail auf die Sache korrekt eingestellt sind. Denn in einigen Jahren könnte es sehr gut sein, dass die linke Hüfte auch ausgetauscht werden muss. Die Arthrose war bereits auf dem MRT im Oktober auch links zu sehen und aufgrund der Dysplasie lebe ich ohnehin schon seit Kindheitstagen mit Symptomen, die keiner braucht. Beim Recherchieren entdecke ich, dass Band 1 der Reihe *"UNIFORM UND UNIVERSUM"* vor exakt einem Jahr im März 2023 erschien, damals noch als Fahrgastbegleiter in der Rheinbahn unterwegs. Diese extrem große Zeitspanne bis zum Erscheinen von Band 2 im kommenden April 2024 war so nicht wirklich geplant, aber die reine Textdatei ist zumindest schon gut sortiert und als Layout brauche ich nur die ODT-Datei von Band 1 als Vorlage zu übernehmen. Passende Fotos sind auch zur Genüge im Laufe des Jahres angesammelt, im Grunde könnte ich relativ schnell produzieren, aber momentan geht noch immer alles ziemlich langsam, ich fahre die Alltagssysteme in Zeitlupe hoch und konzentriere mich auf das Allernaheliegendste...

PAMPHLET ZUR RETTUNG
DER KULTURÄMTER

Ich betone hier nochmal in aller Ausdrücklichkeit dass wir das ortsansässige Kulturamt unbedingt brauchen und unterstützen sollten als Künstler Kulturschaffende und Vertreter aller Disziplinen der Kreativbranche müssen wir in geschlossener Geschlossenheit dafür sorgen dass das Kulturamt auch weiterhin über die Runden kommt und verzichten daher auf sämtliche Honorare und Projektförderanträge um demonstrativ zu demonstrieren wie wichtig die Existenz dieser Arbeitsplätze im Kulturamt sind da sie die Kultur repräsentieren in der wir leben und die wir selber nicht nur lieben sondern sogar machen darum werde ich niemals müde immer wieder und wieder zu sagen und das tue ich hier und jetzt mit aller Nachdrücklichkeit DAS KULTURAMT MUSS BLEIBEN und zwar genau so wie es ist denn es funktioniert als Struktur außergewöhnlich perfekt wie man an auffällig vielen Projektbeispielen erkennen kann ohne das einzigartige Kulturamt gäbe es keine Infrastruktur für die Verwaltung all jener Kulturbeamten die sich tagtäglich in ihren Büros bemühen DIE STRUKTUR DER KULTUR zu bewahren indem sie die Strukturen pflegen die sie bewahren und die Bewahrung der Pflege strukturieren für diese kulturpolitische Leistung benötigen sie unsere ganze Aufmerksamkeit und den großen Dank aller Kulturmanager und Institutionen die sich auf kulturelle Werte berufen ohne das Wertesystem von Kulturämtern gäbe es all diese Institutionen nicht mehr und die Kultur wäre ein völlig chaotischer Haufen von selbständigen Eigenbrötlern die kostbare Steuergelder für Kulturprojekte verbraten würden die gerade in diesen schweren Zeiten dringend gebraucht werden um die Büros der Kulturbeamten zu heizen die sich akribisch um das kulturspezifische Wohl von Kulturinstitutionen kümmern meine Damen und Herren ich will es einmal in aller Deutlichkeit sagen wir können nicht zulassen dass das Budget für Kultur von Kulturschaffenden verheizt wird die einfach irgendwelche kulturellen Ideen umsetzen wollen von denen wir gar nicht ermessen können inwiefern sie die historisch gewachsene Kulturlandschaft tatsächlich bereichern oder nur ruinieren denn an der obersten Stelle nach dieser schrecklichen Pandemie wird der Erhalt des Kulturamtes mit allen Mitteln der Kultur gegen die unkontrollierbare Kreativität von visionären Freischaffenden innovativ verteidigt damit der interessierte Bürger auch morgen noch weiß wo er die Kulturbeamten auffinden kann wenn er eine verzweifelte Frage bezüglich des Kulturprogramms seiner Stadt hat das das Kulturamt programmatisch bewirbt und dadurch garantiert dass die Kultur in den Augen der Öffentlichkeit als ein nachhaltiges kulturelles Gut wahrgenommen wird das bewahrt und gepflegt werden muss indem möglichst viele Beamte im Amt arbeiten wo die Kultur erst zur Hochkultur aufblühen kann weil wirklich alle an einem einzigen Strang ziehen und das ist der demokratische Begriff von Kultur wie wir ihn traditionell demokratisch begreifen ein Hoch auf das örtliche Kulturamt ein Hoch auf die vielbeschäftigten Beamten **ein Hoch auf all jene Kulturinstitutionen deren engagierte Kulturvertreter im Kulturausschuss die richtigen Kulturempfehlungen an das Kulturamt abgeben damit Du und ich im Kulturalltag davon profitieren dass das Kulturamt dafür Sorge trägt dass alle Institutionen über genügend Mittel verfügen um das Kulturamt und seine Beamten zu fördern** ein Hoch auf die vielen vereinfachten Förderanträge die einen klimaneutral kurzen Dienstweg erlauben wir machen Kultur wir kontrollieren das Klima wir regeln die Kreativität über Generationen hinweg wir verwalten die Kunst und wir schätzen unser Kulturerbe durch alle Gesellschaftsschichten hindurch weil wir den Auftrag gesetzlich vom Volk erhalten haben HOCH HOCH HOCH!

SPIRITUALITÄT (SINNSUCHE) & TRANSRELIGIOSITÄT (SOSEIN)

Wie viel Prozent der Menschheit stellt sich die sogenannten *"letzten Fragen"* nach Sinn, Sein, dem Ich und Gott – und warum? Auf so manch anständig angepassten Bürger, der (scheinbar) problemlos seinem lebenslänglich gesicherten Arbeitstrott im Büro, der Fabrik oder auf der Chefetage einer Luxusyacht nachgeht, wirkt die verzweifelte Suche nach Erleuchtung vielleicht ziemlich schräg, ja womöglich sogar total *"psycho"*, weil er die existenzielle Not und Notwendigkeit darin (noch) nicht erkennt. Das Bedürfnis nach Antworten entsteht oftmals erst mit der wachsenden Nähe zum Tod: durch den nahenden eigenen oder dem Sterben eines Nahestehenden oder dem plötzlichen Ableben eines Prominenten, der zur Alltagskultur so selbstverständlich dazu gehörte, dass sein brutales Verschwinden eine klaffende Wunde, ein Loch in der Matrix, eine Ohnmacht und Kommunikationsleere erzeugt. Die Massenmedien können uns mit keinen weiteren Skandalen unterhalten, die den langweiligen Job wenigstens beim Smalltalk in der Mittagspause erträglich machten, oder die einzigen tiefen, ehrlichen Gespräche, die wir mit einer geliebten Vertrauensperson führten, laufen nun ins Leere: der Mensch ist einfach tot, nicht mehr verfügbar, um von uns selbst abzulenken. Dann spürt der geschockt Zurückgeblie-

bene in aller Demut sein eigenes Ausgeliefert-
sein an den natürlichen Prozess der Realität
und beginnt sich zu wundern: was soll das
denn alles, wenn es sowieso für immer endet
und von niemandem nichts in ein erhofftes
jenseitiges Paradies mitgenommen werden
kann? Wozu diesen ganzen irdischen Reich-
tum besitzen und anhäufen, wenn von dem
schnellsten Jäger und besten Sammler am
Ende nur abgenagte Knochen oder im Winde
verstreute Asche übrig bleibt? Diese Fragen
hat dann DAS ICH des Menschen und da wir
gelernt haben, unsere Identität mit dem Ich
zu identifizieren, glauben wir nun, alle Fragen
beantworten zu müssen, um weiter lebens-
fähig zu sein, nicht depressiv oder gar suizi-
dal zu werden. Wir mutieren zu spirituellen
Suchern, die große SINNSUCHE hat begon-
nen. Wir lesen esoterische Lebensratgeber
und meditieren für viel Geld bei den berühm-
testen Gurus, um wenigstens ab und zu
"Bliss" zu erfahren, also kurzfristige spontane
akute Erleuchtung, die uns helfen soll, das
katastrophale Weltgeschehen zu ertragen.
**Eine finale nachhaltige Dauer-Erleuch-
tung erreichen wir komischerweise
nicht, sondern verstricken uns immer
tiefer in die absurdesten Wellness-
Techniken zur sporadischen Erfahrung
von Ichlosigkeit und Gedankenleere** –
und der strategische Bewusstseinscoach
bietet uns bereits einen Frühbucherrabatt für
den nächsten Schweigeretreat oder Atem-
workshop oder Yogakurs, um unsere
"heiligen" Erfahrungen zu vertiefen und zu

verfestigen. Aber WER ist da eigentlich auf Sinnsuche und konsumiert irgendwann geradezu zwangsneurotisch jedes spirituelle Angebot, um mit *"sich selbst"* weiter zu kommen, in der Hoffnung, die Suche möge noch rechtzeitig in einer bombastischen Erlösung münden, wodurch man dann endlich das schallende Gelächter der Zenmeister verstünde? **Die frohe Botschaft lautet leider ganz anders als erwartet: der einzige, der da etwas sucht, ist das ICH — und dieses Ich, das uns kollektiv-hypnotisch anerzogen wurde, hat sich im Denken ein grammatikalisches Gewohnheitsrecht erobert. In Wahrheit ist das Ich aber nur ein banales Wort, ein absolut hohler Begriff, ein substantivischer Satzanfang, der von sich selber glaubt, mehr als ein Wort zu sein, nämlich eine Sache, eine Entität, eine metaphysische Zentrale im neuronalen Netzwerk. Diese Zentrale konnte allerdings durch kein einziges neurobiologisches Experiment gefunden werden, im Gegenteil: unter progressiven Wissenschaftlern wächst der Verdacht, dass das Ich nur eine verselbständigte Funktion des Gehirns darstellt, die von sich glaubt, eine eigenständige Person darzustellen.** Das Ich redet dann von *"sich selbst"* als das wahre SELBST des Menschen, seiner Seele, seiner inneren Mitte und dem gleißend goldenen Lichtquell, an dem der erleuchtete Durchgang zu Gott oder dem unendlichen Nichts zu finden sei. All das erweist sich bei genauerem

Hinsehen als schizophrener Schildbürger-streich! Dieses Ich, das sich vom eigentlichen Körpergefühl letztlich komplett dissoziiert hat, indem es behauptet, es sei *"Geist"* im Gegen-satz zu MATERIE, ist nur ein triviales Wort in der Grammatik der Denkprozesse, das sich nur sehr schwer vermeiden lässt, wenn sich Menschen über ihre unterschiedlichen Mei-nungen austauschen wollen. Es fällt einem schwer, eine ichfreie Formulierung für *"Ich schwitze mich tot!"* zu finden, wenn man den Zustand ohne Ich definieren will, also z.B. mit dem Satz *"Die Temperatur treibt die Körper-flüssigkeit so krass an die Hautoberfläche, dass kein klarer Gedanke mehr möglich ist!"* **Diese ichneutrale sachliche Formulie-rung wirkt auf uns übertrieben gestelzt, borniert, intellektual verschwurbelt und zwanghaft bemüht. So reden normale Menschen nunmal nicht. Sie benutzen das Wörtchen *"ich"*, um den Dialog möglichst leicht und schnell voran zu treiben. Dabei gerät aber über die Jahre in Vergessenheit, dass es kein echtes Ich gibt, sondern DAS DENKEN DENKT und der Mensch sich damit nicht zu identifizieren braucht.** Die tatsächliche Ichlosigkeit, die vom spirituellen Sucher sehnsüchtig zur religiösen Erleuchtung über-höht wurde, weil er ahnt, dass das Denken dann keine traumatischen, depressiven, suizi-dalen Probleme mehr bereitet, diese natür-liche Ichlosigkeit der gesamten Realität ist der Urzustand jedes Atoms, jeder einzelnen Zelle, jedes Organs, jedes Sterns, jeder Galaxie und des gesamten Universums! Das Universum hat kein Ich, das zu sich selber sagt, es sei das Universum, sondern das Universum IST einfach das unendliche Ganze, das in Form von unzähligen Details erscheint, die ebenfalls einfach nur das sind, was sie sind, ohne ein Ich zu haben, das zu sich sagt, es sei der Grashalm, der Strand, das Insekt oder der Baum. **Darum behauptet auch kein ichbefreiter Mensch von sich, dass *"er kein Ich habe"* (also ein Erleuchteter sei), weil da niemand mehr ist, um etwas zu haben.** Aber den ganzen Tag im Verkehr der gesellschaftlichen Matrix mitzuspielen, ohne das Wörtchen *"ich"* zu verwenden, ist schier unmöglich oder zumindest extrem umständlich. Ichlose Freunde verzichten darum gerne auf diese grammatische Genauigkeit anstatt das Wort *"ich"* esoterisch zu tabuisieren. Aber inhaltlich hat das Wort eine völlig andere, neue Bedeutung bekommen: anstatt eine Person zu bezeichnen, definiert es die gesamte Komplexität einer Situation, wie sie der Sinneswahrnehmung erscheint. Wenn ein *"zur Ichlosigkeit erwachter"* Mensch in einer Bar sagt: ICH FINDE ES ECHT SCHÖN HIER, LASS UNS BLEIBEN UND WAS TRINKEN – dann meint er eigentlich: **alles, was gerade hier und jetzt passiert, passt wie immer und überall perfekt zusammen**, da bedarf es keiner absichtlichen Änderung durch ein künstliches Ich, das dem Moment seinen Willen aufzwingen könnte, und die Preise für die Cocktails sind ok. Warum muss über all diese *"verrück-*

ten" psychologischen Dinge überhaupt so explizit diskutiert werden? Weil die Psychiatrie immer noch von der modernen abendländischen Doktrin der Individualpsychologie dominiert wird, gemäß derer das Ich als reale Instanz existiert, die enttraumatisiert werden muss, von Neurosen geheilt und von Suizidgedanken befreit, um den Mensch aus seiner selbst geschaffenen Gefahrenzone zu manövrieren, dem virtuellen Gefängnis, das in Wahrheit eine Fata Morgana des sich selbst reflektierenden Denkens ist! Die frohe Botschaft der natürlichen Ichlosigkeit der gesamten *"Realität"* oder *"Materie"* (was ja auch nur substantivierte Werbeslogans für das wortlose, undefinierbare Ganze sind!), hat daher eine paradoxe Kehrseite: kein Ich kann diese Ichlosigkeit durch irgendwelche Maßnahmen entdecken, erfahren und besitzen, aber hofft trotzdem inbrünstig, durch die teuersten, vornehmsten und originellsten psychotherapeutischen oder paranormalen Techniken die erfundenen Mauern seines Identitätsgefühls als Person zu sprengen, um hinter der labyrinthischen Hyperreflexion mit Gott zu verschmelzen. Falls ein Mensch sich aus irgendeinem Grund plötzlich nicht mehr mit dem Wort Ich identifiziert (was sogar durch Einsatz von Psychopharmaka passieren kann, die den destruktiven Gedankenkreisel zum Stillstand bringen!), sondern das Denken (in aller Schwere!) von alleine denken lässt und die Beine (mit allen orthopädischen Schmerzen!) voneinander gehen lässt, den Mund von alleine sprechen, die Augen von alleine schauen und die Gefühle von alleine fühlen lässt, dann tritt ein radikaler Zustand ein, der zum viel größeren Staunen anregt als jede esoterische Erleuchtung des Ichs: **der Mensch kann dann nie mehr zum psychiatrischen Fall degradieren, sondern lebt aus einer RADIKALEN RESILIENZ gegenüber dem Orchester seiner vielen früher antrainierten Ich-Stimmen, die ihm wie Programme eines Computers erscheinen, die nicht gelöscht wurden, obwohl NIEMAND mehr da ist, der sie braucht.** Vor einigen Jahren war es dem hier schreibenden Autor kaum möglich, darüber so sachlich, klar und trivial zu schreiben, da eine Rest-Ich-Struktur derart angeekelt von spirituellen Szenen war, dass die Sorge bestand, von religiösen Fanatikern und depressiven Verehrern von Gurus belagert oder bombadiert zu werden. Die profilneurotische Übermensch-Projektion von Suchenden, die nicht kapieren, dass es keinen Sieger gibt, der den Gral gefunden hat, sondern dass der heilige Gral eine Erfindung von Suchenden ist, die auf den Zustand des *"zur natürlichen Ichlosigkeit"* Erwachten neidisch sind, weil sie glauben, da sei JEMAND, der erwacht wäre, während sie selber *"noch träumten"* – diese überhöhende Projektion der Verzweiflung auf einen grundlos fröhlich INWESENDEN ist die Geburtsstunde von Sekten und Glaubenssystemen, gegen die der hier schreibende Mensch immer schon selbst immun war und nicht zu dem Irrtum beitragen wollte, dass Menschen einen Bruder oder eine Schwester zu einem Heiligen überhöhen, weil sie sich selber als Gefangene ihrer seelischen *"Abwesenheit"* empfinden und sich nach irgendeiner *"Anwesenheit"* sehnen. **Der Autor ist nur die Figur des Schreibenden, dessen Finger Buchstaben tippt und der über keinerlei Weisheit verfügt, die ihn zu einer besonderen Person macht. Das einzige, was in diesem denkenden Gehirn passiert, ist die Freude am Denken wie an allem anderen, was parallel passiert. ALLES PASSIERT einfach, frei von einer Person, die das persönlich nähme.** So ist das Leben nunmal. Auch wenn Du noch glaubst, eine Person zu sein, die die Ichlosigkeit suchen müsste. Der Spliss im Haar ist existenziell bedeutsamer als der Bliss im Hirn, aber das Hirn kann Deine ichlosen Haare nicht sehen...

"KOPFLOSER ENGEL", 1.9.2024
(Johanneskirche/Stadtkirche, Düsseldorf)

NEUROMAGNETISCHE
STRAS-ZEN-BAHN

Ich sitze alleine in einem 4er Bereich, schaue durch die beschlagene Scheibe in die kalte Dämmerung und bin berührt vom Zufall: Mein Vater und meine Freundin simsten mir zeitgleich Kunstwerke: er sein neues eigenes auf der Staffelei, sie einen Kandinsky direkt aus dem Museum. Bin total erschöpft vom Tag, obwohl ich den chilligsten Job der Stadt mache. Ein junges Mädchen steigt ein. Ich ziehe das Bein zurück, damit sie Platz nehmen kann. Sie bedankt sich mit dem Lachen ihrer strahlenden Augen. Ich lächel kurz nickend zurück. Im Laufe der Fahrt halte ich ihre flauschigen Ohrenwärmer zunächst für riesige Kopfhörer, weil sie so ruhig da sitzt wie viele ihrer Generation, die sich ins Internet wegbeamen und dann überfahren werden oder nicht wissen, was sie werden wollen. **Aber plötzlich bemerke ich ihre alte Seele, denn in ihrer Nähe wird die Unendlichkeit des Universums und die Leere der Materie spürbar. Das passiert mir heutzutage nur noch selten. Früher traf ich häufig unterwegs auf Seelengeschwister.** Man begann dann mit einem Fremden automatisch ein Gespräch, als hätte man es vor Urzeiten nur kurz unterbrochen. Doch mittlerweile bin ich zu alt, um ein junges Mädchen mit derart gefährlichen Themen anzusprechen. Die Zeiten haben sich geändert. Alte Männer sind jetzt prinzipiell pervers. Und sogenannte Seelengeschwister gibt es nur noch in alten Büchern. Ich lehne mich also zurück und schließe die Augen. Die Straßenbahn fährt mittlerweile durchs Nichts und besteht nur noch aus einem Luftstrom. **Die gesamte Materie erscheint komplett durchsichtig. Die Geräuschkulisse flutet einfach durch mich hindurch, denn auch ich bin durchsichtig. Niemand mehr da, an dem die sinnlichen Eindrücke kleben bleiben.** Als sie aufsteht, um auszusteigen, wage ich einen schnellen Blick in ihr Gesicht: ob sie wohl Ärztin wird? Oder Klimaaktivistin? Jedenfalls könnte sie mit ihrer unsichtbaren Ausstrahlung die Welt retten. Oder zumindest einige Menschen heilen. Ich könnte ihr Vater sein, fühle mich aber wie ein Bruder. Fast schon wie ein kleiner Bruder. Denn schon bald werde ich selber wieder hilfsbedürftig sein wie ein kleines Kind. Dann steht sie an meinem Krankenbett und strahlt mich wieder an. Ich lächel dann wieder mit einem kurzen Nicken zurück. Wir werden die Leere ineinander erkennen und dafür dankbar sein, nicht als einziger erleuchteter Mensch auf der Erde zu wandeln. Aber für heute bleibt es bei dieser paranormalen Fantasie. Besser ist besser. Das Paradies war gestern. Hier ist Hölle. Ich steige ebenfalls aus und sehe sie vor mir in der Masse des Hauptbahnhofs verschwinden. Bei einer Pommes spezial denke ich an die Engel im Kinofilm *"Der Himmel über Berlin"* von Wim Wenders, aber an diesem Imbiss steht keiner herum, ich strecke die Hand erst gar nicht aus. Auch Engeln wäre es hier fürchterlich langweilig. Die frischen Zwiebeln sind superlecker. Mein Geist hat sich inzwischen beruhigt. Um mich herum bewegen sich nur normale Menschen nach Hause. Gefahr gebannt. Ich fahre zurück nach Eller Süd statt Grafenberg. Die Wohnung ist warm. Eine halbvolle Rotweinflasche hilft mir einzuschlafen. **Ich hasse diesen Planet, dieses Jahrhundert, diese Zivilisation. Vor 40 Jahren war alles besser, das echte Leben war analog und durchtränkt von Magie. Das Desaster begann mit der Frage nach dem Sinn des Lebens. Erst als der Fragesteller nicht mehr existierte, verloren Antworten ihre Bedeutung.** Wir fahren nur noch Straßenbahn durchs große Nichts. Und lassen uns dabei nichts anmerken.

"NAHZONE.DE", 20.3.2024
(Kreuzung Alt-Eller/Gumbertstraße, Düsseldorf)

DER EINKAUFSWAGEN
(DIE UNSICHTBARE HÜFTE)

Gestern hatte ich ein enttäuschendes Erlebnis in der ZURHEIDE-Filiale auf der Berliner Allee. Auf der Suche nach meinem Lieblingskäse (Blauschimmel kombiniert mit diversen Alkoholsorten) versuchte ich, möglichst nah an die Theke zu gelangen, um einen Blick in die Auslage zu werfen. Dabei musste ich mich an der Kundenschlange vorbeiquetschen, was sich als schwierig erwies: ein Mann hatte seinen Einkaufswagen so quer gestellt, dass sich der Abstand zu den gegenüber aufgetürmten Dekorationskartons unnötig eng gestaltete. Da ich bereits 4 Sektflaschen (Freixenet im Angebot zu 3,66€) im Einkaufskorb trug, hatte sich aufgrund des Gewichtes der Schmerz in der Hüfte verstärkt, was mich schon leicht delirisch machte. Dadurch vergaß ich, den Mann einfach nur nett lächelnd zu bitten, mir etwas Platz zu machen, was meinem offenen und kommunikativen Naturell eigentlich mehr entsprochen hätte und bei den meisten Menschen zu spontanem Wohlwollen führt. Stattdessen streifte ich die Kartons, wodurch 2 zu Boden fielen. Ich hörte den Knall, drehte mich um, sah die Kartons neben dem schief gestellten Einkaufswagen auf dem Boden liegen und dachte nur: *"Oh je, wie krieg' ich die mit möglichst wenig Schmerzen aufgehoben?"* Der Mann bewegte seinen Einkaufswagen keinen Millimeter, sondern starrte regungslos wie ein Zombie auf die Kartons, die direkt vor der Wagenspitze lagen. Mir zu helfen, kam ihm nicht in den Sinn, was ja verständlich ist, denn er hätte mühsam um seinen leeren Einkaufswagen herumlaufen müssen und seine ebenso regungslose Frau damit verblüfft, dass er gar nicht so cool ist, sondern noch eine kleine soziale Ader und vor allem Blut in den Adern hat. Ich bückte mich also ganz langsam und bemühte mich, die beiden Kartons, die sich glücklicherweise als extrem leicht erwiesen, in die Lücken des Dekorationsturms zurückzustecken, wobei dieser bedrohlich zitterte. Es wäre nicht der erste ungünstig positionierte Reklamestapel, der wie ein Kartenhaus auf die Kunden herab stürzt, aber dank des schräg geparkten Einkaufswagens würden in meinem Fall alle Kartons ziemlich zielsicher bei dem Mann landen, der darauf wartet, seine Käsebestellung aufgeben zu können. Vielleicht hätte er Glück und in einem Karton würde sich Käse befinden, aber ich schaffte es dann doch, den Turm mit den beiden Kartons zu stabilisieren, nicht ohne laut vor mich her zu murmeln: *"Oh Mann, das wäre nicht passiert, wenn Sie mir ein bisschen Platz gemacht hätten!"*, woraufhin er wie aus der Pistole geschossen antwortete: *"Ach, jetzt bin ich auch noch schuld!?"* Ich schaffte es mit meinen behutsamen Tricks, wieder einigermaßen schmerzfrei aufzustehen, blickte ihm seelenruhig in die Augen und sagte dann mit moralischem Tonfall: *"Ich glaube, Sie wissen schon, was ich meine."* Als ich mich einige Meter von der Theke entfernt hatte, hörte ich plötzlich die belustigte Stimme der Verkäuferin, wie sie sich bei der Warteschlange beliebt machen wollte: *"Bei einer Ladenfläche von 10.000 Quadratmetern sollte man meinen, dass Jeder einen Weg findet!"* Ich drehte mich um, sah die Menschen, wie sie da schweigend standen und das Wort KÄSE auf ihrer Stirn geschrieben stand, und musste unwillkürlich an John Carpenter's Scifi-Klassiker *"SIE LEBEN"* denken: Hätte ich jetzt diese geheime Sonnenbrille, könnte ich alle anhand der Glubschaugen als Aliens enttarnen, aber ich sagte mit meiner kräftigen Bühnenstimme: *"Auch noch frech werden als Verkäuferin? Sie haben doch gar nicht gesehen, wie der Mann mir den Weg versperrte!"*, worauf ihr Kollege mit zynischem Unterton reagierte: *"Schöne Feiertage!"* Ich brüllte zurück: *"Schöne Feiertage? Schöne Feiertage?? Leck mich am Arsch, Junge!!!"* Das war das richtige Signal für sie, um den Filialleiter telefonisch darüber zu informieren, dass ein gefährlicher terroristischer Psychopath hier Randale macht. Ich bewegte mich sehr langsam humpelnd zur Rolltreppe, wo ich das schmächtige Bürschlein mit seinem Diensthandy fuchtelnd oberhalb am Geländer bemerkte, als er der Verkäuferin mit verschwörerisch detektivischem Pokerface durchgab, dass er mich identifiziert hatte. Ich allerdings ließ mir nicht anmerken, dass auch ich ihn identifiziert hatte, sondern flanierte gechillt zur Kasse und dachte dabei lediglich: *"Zombies hier, alles nur Zombies, die unter*

Weihnachtshypnose stehen..." Für einen Moment zog ich in Erwägung, den Spieß umzudrehen und ihn frontal anzusprechen, nach dem Motto: **"Entschuldigung, sind Sie zufällig der Filialleiter? Kann ich bei Ihnen eine Beschwerde einreichen? Ist Ihre Chefin vielleicht auch da? Sie kennt mich von früher, als ich Betreuungskraft im Seniorenheim war. Da bekamen die Bewohner einen Kaffeeklatsch hier geschenkt und sie hat uns damals persönlich durchs Haus geführt und alle Abteilungen gezeigt. Das war ein ganz wundervoller Ausflug für die kleine Gruppe mit Rollatoren aus dem Pflegeheim, die dafür fit genug war."** An der Kasse angekommen, kehrte dann aber doch schon die Langeweile in mein Gemüt zurück und ich humpelte auf die verregnete Straße, erreichte die Bahn noch bevor der Wind richtig zu peitschen begann und war froh, als ich meine Wohnung gerade rechtzeitig erreichte hatte, bevor der angekündigte Sturm loslegte. **Das gesamte Ereignis in dieser Shoppingmall taugte noch nicht einmal zu einem Slamtext. Wahrscheinlich schreibe ich trotzdem irgendwann alles auf, um eine schriftliche Beschwerde einzureichen, aber solch einen Käse sollte man nicht auf der Bühne vortragen, denn dadurch reduziert man das Slamformat wiedermal auf völlig unpolitische Comedyliteratur, was ich bereits vor 20 Jahren ablehnte, als ich aus der Berliner Slamszene ausstieg.**

Das echte Leben ermöglicht zwar einem schnellen Dichter, jeden Tag die absurdesten Situationen einzufangen, aber wer braucht schon Fastfoodliteratur, die durch Düsseldoofer Käsekriminalistik inspiriert ist!

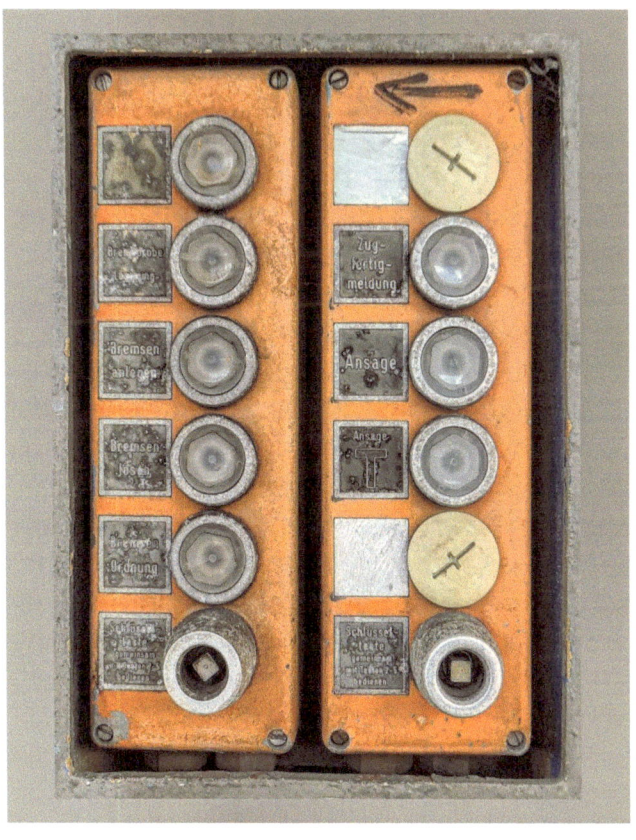

"ANALOGER NOTFALL", 4.5.2024
(Gleis 16, Düsseldorfer Hauptbahnhof)

DAS GEREDE VOM GÖTTLICHEN
(ÜBER GURUS, YOĞURT & YOGA)

Eine Stimme in Dir redet unentwegt zu sich selbst. Sie sagt *"ich bin du"* und erfindet dadurch Deine von Dir selbst getrennte Identität als Ich. Jetzt denkst Du berechtigterweise: was für ein absurder Blödsinn! Und ich antworte Dir: Genau! Darum geht's! Diese Stimme in Deinem Kopf ist eine grammatikalische Konstruktion, die einfach alles erfindet, was nicht real fassbar ist – sogar sich selbst! Unfassbar!

Eigentlich müsste das Ich als ein Weltwunder betrachtet werden und zum virtuellen Kulturerbe zählen, denn allmählich stirbt diese denkerische Leistung der Metareflexion aus und wird irgendwann nur noch aus esoterischen Büchern bekannt sein, in denen von Sinnsuchern berichtet wird, die zu Gurus gehen, um etwas Wahreres zu finden als das, was sich Wirklichkeit nennt. **Aber der Sinnsucher ist nur eine Spielart Deines Ichs, so wie der Guru ebenfalls nur die Spielart eines anderen Ichs darstellt.** Das eine Ich behauptet *"ich bin getrennt vom Ganzen"*, während das andere Dir verklickert, *"ich weiß, wie Du eins wirst"*. Und so beginnt die Geschichte aller Religionen, ganz gleich, was der Sucher sucht und was der Guru gurt. In der heutigen Zeit ist vor allem veganes Yoğurt & klimafreundliches Yoga am beliebtesten. Fortgeschrittene kombinieren beides sogar, bis sie am Ziel ihrer Suche ankommen: dem ultimativen *"Yoyoyo!"* im Spotlight der spirituellen Community.

Wechseln wir einmal die Disziplin, von der Spiritualität zur Psychologie, um dieses Phänomen als psychische, ja psychotische Illusion zu enttarnen: Jeder Ich-Anteil, der sich ins Rampenlicht manövriert, meint, er sei das vollständige Ich und spräche daher für die ganze Person. **Auch der Ich-Anteil, der die Figur des leeren Beobachters in der leeren Mitte verkörpert, verpufft, wenn das ganze Identitätskonstrukt implodiert.** Zurück bleibt der natürliche Mensch ohne Mitte und ohne Randfiguren: die figurenlose Realpräsenz, deren Bestandteile sich nicht mehr zu Hauptfiguren aufspielen. Das Theater der Persönlichkeitsmasken ist dann endgültig vorüber, das maskenfreie Leben der direkten Beteiligung am Weltganzen beginnt!

Wer ichbefreit lebt, dem passiert alles, weil alles miteinander verbunden und verwoben ist und daher Kettenreaktionen passieren, ohne dass *"jemand"* jemals ein Steinchen absichtlich ans andere klickerte. Das Krasse an dieser Ichlosigkeit ist die simple Tatsache, dass sich solch ein Mensch nicht mehr als eine selbstische Person empfindet, die jeden Gedanken und jede Erfahrung auf eine innere Kommandozentrale (das *"Selbst"*) bezieht, die irgendwelche Zustände besitzt und definiert und dann in der Welt ver(t)eidigt. Gerade weil diese Illusion eines Ichs, das seine diversen Zustände haben kann, verpufft, ist da niemand mehr, der sich über Zustände definiert. **Darüber hinaus kann eine derartige Unperson weder erleuchtet noch unerleuchtet sein. Das Problem der Erleuchtung haben nur die Ichs von Personen.** Deshalb ist es völliger Quatsch, einen Ichlosen als erleuchtet oder erwacht zu betiteln. Niemand da, um das auf sich zu beziehen.

Die meisten Gurus sind keine ichlosen Antigurus, sondern vertreten Lehren aus ihren erleuchteten Ichs. Sie lassen einen schmunzeln über ihre feierliche Ernsthaftigkeit, die einem ungewollten Slapstick gleicht. Sie wissen es selber nicht besser, sie können nicht anders. **Sie sind ebenso Sklaven des sonstwie erleuchteten Ichs wie ihre Anhänger Sklaven des spirituell suchenden Ichs: (Erleuchtete) Ichs bieten etwas, dem andere (unerleuchtete) Ichs hinterherlaufen.** Die einen bieten die Auflösung der Bliss-Sackgasse des mystischen Scheinparadoxons, die anderen suchen die richtige Richtung ins Licht am Ende der Sackgasse. Die Stoßrichtung heisst immer: *"Du wirst Dich eins fühlen, sobald Du Dein Ich loslässt!"* Das ist ein ichhaftes Spiel zwischen Ichs mit unterschiedlichen Zuständen, oder psychosynthetisch interpretiert: ein Ich-Anteil, der sich als Figur des Gurus aufspielt, belehrt einen anderen Ich-Anteil, der sich als neurotisch empfindet und danach sehnt, ein *"reines Bewusstsein"* zu erlangen. Mit der

Ichlosigkeit hat das rein gar nichts zu tun. Sie ist kein Zustand eines Ich-Anteils, sondern nur eine andere Art des Umgangs mit der Realität. Ein ichloser Mensch kann genauso gut sämtliche Gefühle und Gedanken in ihrer ganzen Intensität wahrnehmen, die auch *"sein Ich"* vorher hatte, aber jetzt fehlt dieses Ich als innere Person, die immer behauptete, sie würde diese Gefühle und Gedanken als Zustände besitzen, sich sogar darüber definieren.

Die Dinge müssen nicht eins sein, sie sind es auch nicht. Sie sind leer, haben keine Substanz, sind weder eins noch zwei, sondern so, wie sie sind, null. Niemand besitzt die Null, sie ist lediglich die existenzielle Unnötigkeit, einer Stimme im Kopf zu glauben, die behauptet, jemand sei von allem getrennt. Das erinnert sehr stark an die Surrogates in dem Science-Fiction-Film mit Bruce Willis. **Der ich-fixierte Mensch erlebt seine Anwesenheit als ein Kostüm, das von einer Seele gesteuert wird, weiß aber nicht, wo er, der User des Surrogates, sich befindet.** Mit etwas Glück löst sich der Spuk irgendwann auf und der scheinbare Roboter bemerkt, dass er gar kein Roboter ist, sondern ein echtes, natürliches Ding in der Welt neben vielen anderen Dingen. Es hat endlich *"Dingdong!"* gemacht und das idiotische User/Matrix-Feeling verschwindet für immer. No bliss, just BANG!!! *"BIG BADA BOOM!"* (und nochmal Bruce Willis, in: Das fünfte Element).

Die eigentliche FREIHEIT besteht nämlich nicht in einem *"befreiten Zustand"* eines *"befreiten Ichs"*, sondern in dem Umstand, das da niemand mehr ist, der von sich meint, alles als Zustände zu besitzen. Da ist niemand mehr – niemand, der sich in Szene setzen könnte, und niemand, der eine eigene Weltanschauung verteidigen müsste. Und doch ist und bleibt da ein Mensch übrig, der den Unterschied erlebt zwischen der Ichlosigkeit, die seine Wahrnehmung prägt, und der ichhaften Art des Umgangs mit der Realität, gegen die der zombiehafte Massenmensch ankämpft. Die von ihren Ichs kontrollierten Robotermenschen versuchen, ihre Umgebung zu INTERPRETIEREN und zu MANIPULIEREN, während **die zur Ichlosigkeit erwachten Realitätsmenschen nur noch INTERAGIEREN, indem sie wertfrei KOMMUNIZIEREN,** weil sie sich selber als ebenso *"absolute"* Realität empfinden wie alles andere, was auf natürliche Weise geschieht.

Aus der Ichlosigkeit heraus gibt es niemanden, der einen Zweck des Ganzen außerhalb des Ganzen oder in dessen tiefstem Inneren sucht. **Wo niemand ist, gibt es auch nichts (über Erfundenes) zu sagen. Das Gerede lohnt sich nur über das, was wirklich vorhanden ist.** Und genau das erklärt sich selbst sowie aus den Kettenreaktionen, die keinen Anfang hatten. Es hat schon immer *"klick, klick, klick!"* gemacht, es klickt die ganze Zeit. Das nennt sich LEBEN.

Die Kunst der natürlichen Natur. Auch ein Computer mit künstlichem Selbstbewusstsein würde das letztlich bestätigen, indem er von sich sagt: *"Ich bin ein Computer!"* Oder glaubst Du, eine KI bekäme irgendwann eine Identitätskrise und benötigt dann psychotherapeutischen Support, um zu *"sich selbst"* zu finden? **Wo soll sich dieses künstliche Selbst denn verstecken? Im Leerraum zwischen den Dateien? Dann kann ein erleuchteter Computer von sich selber sagen: *"Ich bin die unendliche Leere zwischen den Programmen"*** und gibt dann als AE *("artificial enlightenment")* digitale Yogakurse für depressive Laptops? Ok, Leute, Schluss für heute! Das war Onkel Tomtoms Märchenstunde...

"TROCKENER KORMORAN", 12.9.2024
(Volksgarten, Düsseldorf-Oberbilk)

HOCHVERRAT
(ZWEIFELSOHNEMANN)

es ist zu bezweifeln dass nicht schon einmal früher ein literat auf die geistreiche idee kam für die berliner zeitschrift mit dem namen *"zweifel"* ein gedicht zu verfassen in dem zwar die zeitschrift gegen eine x-beliebige andere ausgetauscht werden könnte da es immer dichter geben wird die einer zeitschrift ein extra für sie geschriebenes gedicht widmen aber was so nicht funktioniert ist das austauschen aller wörter im text die auf dem wortstamm des zweifels basieren ohne dass dadurch der inhalt zerstört würde und etwas ungewollt experimentelles entstünde das nicht im geringsten vom autor beabsichtigt wäre außer dass die idee selbst vielleicht für den leser verlockend klingen mag wenn statt *"zweifel"* nun LIEBE zu lesen wäre oder statt *"zweifeln"* LIEBEN und aus *"verzweifeln"* VER-LIEBEN resultierte aber wir sind hier weder bei instagram noch im jahrbuch für lyrik und wollen uns darum dem kitsch und der eso-terik verweigern die hinter allen schwer les-baren metaphern lauern sondern wagen ein-mal einen großen satz in die zukunft der poesie denn es besteht kein grund daran zu zweifeln dass es keinen grund dafür gibt zweifel daran zu haben dass es gedichte auch in hundert jahren noch geben könnte wenn aus allen bestsellern längst klimafreundliches klopapier hergestellt wurde auf dem die gedichte gedruckt werden jaja die gedichte der zukunft sind alles andere als gebrauchslyrik aber im eigentlichen sinne dann doch wieder denn irgendwann werden die kleinen verlage dahinter kommen dass sie die lyrik in den ganz praktischen alltag der menschen bringen müssen ohne dadurch automatisch alltagslyrik zu fabrizieren nein nein der komplexe anspruch an gegenwartslyrik (sowohl stilistisch als auch inhaltlich als auch rhythmisch oder bewusst gebrochen und falsch geschryben) kann durchaus in die zukunft gerettet werden nur dass hier wohl niemand nach BELIEBEN *"bezweifeln"* wollte dass die doppelte rechtschreibreform alles in den sand gesetzt hat was noch vom willen zur sprache übrig war und wir und damit meine ich alle dichter aller geschlechter aller nationen nicht mehr gewillt sind den völkern etwas alltägliches so nett und verdaulich umzuformulieren dass daraus ein brauchbarer gedanke entsteht der nicht nur lesbar ist sondern auch für den hausgebrauch nützlich ja nützlich gedichte sollten und könnten in zukunft sehr nützlich sein wenn es zum beispiel darum geht eine debatte mit scheinargumenten zu führen in der ein gedicht etwas unerwartet provokatives zum verlauf der diskussion beitragen könnte wenn noch irgendwie zweifel an der wahrheit einzelner analysen statistiken und studien herrscht dann aber auch nur dann merkt der letzte verschlafene bürger dass ein gedicht frischen wind in das thema bringen könnte und prompt findet sich entweder ein ministerium (für kultur oder familie

oder auch sport) oder ein insolventes mode-
label das dieses gedicht ganz groß rausbring-
en möchte an hauswänden auf autos auf
tassen und tshirts und schuhsohlen oder auf
zahnpastatuben und parfumflacons eigentlich
überall überall üüüüübeeeeeraaaaall lassen
sich solche gedichte platzieren um den politi-
schen alltag zu entschärfen und eine mensch-
liche dimension in das spektakel zu bringen
die uns bewusst machen kann dass das
busfahren zur arbeit nicht nur wie ein zom-
biefilm wirken muss sondern an den fenstern
aller öffentlichen verkehrsmittel sehr nützliche
gegenwartslyrik zu lesen ist in alle sprachen
übersetzt und mit dem logo des sponsors
versehen damit auch jeder weiß wer diese
schöne idee unterstützt im gegensatz zu den
idioten die nie sinn für poesie hatten sondern
sich lieber die hohlen köpfe einschlagen die
nie wieder ausgebeult werden können ich
bitte dich menschen sind doch keine karosse-
rien daran besteht ebenfalls keinerlei zweifel
wir sind organische wesen in denen noch
echtes blut zirkuliert oder bezweifelst du jetzt
etwa die echtheit deines blutes ach so die
nanoplastikpartikel meinst du hätte ich an
dieser stelle erwähnen müssen na gut ich
werde das rückwirkend nachträglich erledigen
das lektorat für die nächste ausgabe ist eh
noch nicht abgeschlossen und das wort nano-
plastik macht sich sowieso gut in einem
zeitgenössischen oder vor allem zeitgemäßen
gedicht du bezweifelst doch nicht dass ich
noch mehr antipoetische zeitgeistbegriffe hier
unterbringen könnte wir könnten die einfach

im stakkato aufzählen aber das haben schon andere besser gemacht und wir wollen die anderen leser nicht langweilen nun gut es ist wohl vollbracht das gedicht für die zeitschrift *"zweifel"* (nein, nicht LIEBE) ist hiermit vollendet oder habe ich irgendwas wichtiges ausgelassen? **schick mir ne klassische sms mit deinen hinweisen – wir werden das gedicht überarbeiten bis es auch dir richtig gut gefällt!**

NONDUALE NAMENLOSIGKEIT
(ODER: WARUM ICH KEIN
GURU GEWORDEN BIN)

Guten Morgen, mein Rufname lautet Tom oder in künstlerischen Kontexten auch Tom de Toys. Dieses Pseudonym gab ich mir 1985 nach der Lektüre des Romans *"Schöne neue Welt"* von Aldous Huxley. Meine eigene Geschichte mit dem Begriff der Namenlosigkeit beginnt aber schon 1984, als mir im zarten Alter von 16 Jahren während der geführten Meditation des Jugendpädagogen eine kosmische Outer-Body-Experience geschah: meine Wahrnehmung trat aus dem Körper heraus und sauste direkt ins Weltall hoch, wo ich irgendwo ziemlich weit weg zwischen Galaxien schwebte und die Unendlichkeit des Ganzen erkannte. Dieses Erlebnis beeinflusste die nächsten vier Jahrzehnte meines Lebensweges bis zum endgültigen Verlust der Identität 2014, wie sich im Nachhinein zeigte. Psychisch auffällig war ich bereits in der Grundschule, weil ich mich zunächst weigerte, lesen und schreiben zu lernen, was man mir dann aber mit einem Jahr Verzögerung doch noch schmackhaft machen konnte. Als ich dann am 5.Mai 1989 mit 21 eine mystische Auflösungserfahrung machte, entdeckte ich schließlich meine Hassliebe zur Sprache, denn ich verarbeitete dieses spirituelle Erlebnis in dem sehr kurzen Gedicht *"KONTAKT"* und bemerkte dadurch, wie schwierig es ist, derart über den nondualen Zustand des Seins zu schreiben, dass es nicht an die religiösen Paradoxien der berühmten Mystiker erinnert, sondern so konkret wie möglich bleibt, ohne aber die erfahrene Leere, dieses sagenumwobene Nichts in eine ideologische Definition zu pervertieren! Dadurch entwickelte ich damals den Lochismus als Lebensphilosophie und machte ihn zum Thema sowohl meiner Lyrik als auch der Performancekunst und der Malerei, begleitet von mehreren Minipsychosen und allen möglichen paranormalen Erfahrungen. Nach einer jahrelangen psychotherapeutischen Odyssee mit diversen Diagnosen (angefangen beim Verdacht auf Borderline-Syndrom 1988 bis zur somatoformen Störung 2010 und der finalen Depression 2014) passierte im Anschluss an den Aufenthalt in einer psychiatrischen Tagesklinik etwas völlig unerwartetes, noch dazu unter Einfluss von Fluoxetin und Risperidon: die ohnehin schon bemerkenswerte Fähigkeit des Gehirns, in ganzen Sätzen zu denken und grammatikalisch logische Gedanken zu konstruieren, hatte aufgehört, sich als eine Identitätseinheit zu empfinden. Es war ein normaler Herbsttag, an dem ich wieder stundenlang in meinem Lesesessel am Fenster saß und eigentlich nur Löcher in die Decke starrte, weil noch nicht klar war, wie es überhaupt weitergehen könnte. Irgendwann bemerkte mein Denken, dass es das Wort *"ich"* nicht mehr benötigte, um zu beschreiben, was die Augen sahen, was auf der Hand lag. **Das Denken hatte sich stillschweigend in eine reine Spiegelung dessen**

verwandelt, was sinnlich vorhanden war, ohne dahinter eine metaphysische Instanz mitzudenken. Was sich gemeinhin als *"Ich"* in der Sprache aufspielt, erwies sich urplötzlich als geistiger Virus, der das Denken befallen hatte, um sich in einer Welt besser in Szene zu setzen, die jedem Mensch einen Namen aufzwingt und Dir das Mitspielen nur dann erlaubt, wenn Du eine exakte Identität vorweisen kannst. Je größer, origineller und etablierter Dein Ich desto mehr Privilegien stehen Dir im System zur Verfügung. Dein Personalausweis ist der bürokratische Beweis, dass Du tatsächlich eine Person mit einem Namen bist, die man damit ansprechen kann und von der sich erwarten lässt, dass sie als diese Person antwortet. **Aus der Sicht eines Menschen ohne innere Identität gleicht dieses Spektakel dem unsichtbaren Theater!** Wenn da niemand mehr ist, der sich selber mit einem Namen anredet und sich als Person empfindet, dann wirkt es sogar existenziell falsch und verlogen, als eine solche, innerlich hohle Identitätsblase Aussagen treffen zu müssen und mit anderen Menschen nur in Kommunikation treten zu können, wenn man sich namentlich als Person vorstellt: *"Guten Morgen, mein Name ist Tom de Toys. Ich bin Künstler, Performer und Lyriker. Ich bewerbe mich mit diesem biografischen Essay zum Thema Namenlosigkeit bei Ihrer Zeitschrift."* Momentan will der glückliche Zufall, dass eine soziale Tätigkeit mit ü50 gefunden wurde, die in diesem identitätsfreien Zustand ausführbar ist: als Chauffeur für Trauergäste und Grabbesucher auf dem Düsseldorfer Nordfriedhof. Ausgerechnet ein Ort, an dem auf jedem Stein ein Name steht, der an eine Person mit einer Identität und deren Lebensgeschichte erinnert. Allerdings nimmt die Tendenz zu, sich auf anonymen Urnenfeldern beisetzen zu lassen, selbst wenn man genug Geld hätte, um sich eine gigantische Gruft auf dem Millionenhügel zu leisten! Außerdem: die allgemeine Trauer betrifft ja vor allem den Verlust der Person, die mit einem bestimmten Namen assoziiert wird. Der Schock, dass das konkrete Personsein irgendwann endet und damit die Lebensgeschichte als eigenständige Identität. Die Asche erinnert uns nicht nur an das gelebte Leben, sondern vielmehr an dessen vergängliche Einbettung in den natürlichen Fluss der Dinge. Die irreversible Abwesenheit der geliebten Person, die noch gestern namentlich ansprechbar war, deren Umarmung noch fühlbar ist, deren Stimme noch hörbar ist – einfach weg! Von Mutter Natur in die große, unendliche Namenlosigkeit des ganzen Seins zurückgenommen. Dieses unendliche, ewige Sein hat tausend Namen in tausend Kulturen. Wir tauchen für eine Weile aus diesem leeren Ozean auf und bezeichnen uns als diese oder jene Welle. Aber erst wenn die Welle wieder ins Ganze zurückschwappt, wird uns bewusst, dass das Wasser, aus dem wir bestehen, genauso leer ist wie der kosmische Ozean, dem wir in Ehrfurcht und staunender Verwunderung keinen Namen geben können. Wir sind selber aus diesem namenlosen Wunder gemacht, das zu sich selbst sprechen kann, indem es Bäume blättern, Blumen blühen und Menschen denken lässt...

MEDITATION ÜBER DAS GANZE (POETOLOGIE DER ICHLOSIGKEIT)

Wenn Dein Denken glaubt, dass sich hinter dem Wörtchen ICH ein ganzer STUHL verstecke, auf dem es dank seiner Gedankenkraft irgendwie heimlich sitzen könne, so meint es natürlicherweise auch, dass sich durch Anhalten seines Gedankenflusses der Stuhl in NICHTS auflöse und erst dann auf unerklärliche Weise wieder erscheine, wenn das Denken fortgesetzt würde. Dass es sich bei dem Wörtchen ICH aber weder um einen metaphysischen Stuhl *"an sich"* handelt noch um einen Tisch oder ein Bett, sondern nur um ein nichtssagendes simples WORT, das sich dazu eignet, auf den Mund hinzuweisen, der jeden noch so komplizierten Gedanken des Gehirns laut ausspricht, das will das Denken nicht wahrhaben. Es verabscheut den Gedanken, dass es sich selber meint, wenn es über sein sogenanntes Ich nachdenkt. Es möchte mehr sein, als nur dieser nicht zu stoppende Gedankenfluss, um etwas zu sein, das die Gedanken zum Stillstand brächte. Aber gleichzeitig erhofft sich das Denken, hinter dem Wörtchen Ich eine Ichlosigkeit zu entdecken, dank derer das Ich wie der magische Stuhl verschwindet. Und darum konzentriert sich das Denken mit aller Mühe darauf, nicht mehr zu denken, um das selbst eingebildete Ich wieder los zu sein. Dieser erstaunliche Umweg zur angeblichen Erleuchtung ist dem Denken so selbstverständlich, dass es gar nicht bemerkt, dass es noch nie ein derartiges Ich hatte, das dessen eigene Existenz einerseits aufgrund der Verwendung des Wörtchens behauptet und andererseits darunter leidet, dass dieses Wort daran schuld zu sein scheint, dass die Ichlosigkeit nur dann erfahrbar wird, wenn das Denken komplett aufhört zu denken. Dabei ist es viel leichter und unkomplizierter, einfach dem Denken das Denken zu überlassen und daraus kein großes Ding zu machen, sondern sich nebenbei über die unendliche Leerheit aller Dinge zu freuen. **Dann spürt das Gehirn seine eigentliche Bestimmung: die ganze Welt wahrzunehmen und die totale Kommunikation durch die Sinne zu zelebrieren. Jetzt hat das Denken begriffen, wofür seine Wörter gedacht sind: dem sinnlich Erlebten NAMEN zu geben — von ganz innen bis ganz draußen!** Biochemie bin! Großhirnrinde bin! Beide Ohren bin! Augen bin! Mund bin! Haut bin! Herzschlag bin! Füße bin! Boden bin! Erdmittelpunkt bin! Sonne bin! Sterne bin! Galaxien bin! Universum bin! Nichts bin! Das bin! Das ist wahrlich keine Zauberei. Aber es holt den Zauber des Seins in die poetische Erfahrung zurück. Die Erfahrung des Ganzen seiner selbst. Das erwachte Universum. Das ganze unendliche ICH. Das DAS.

DAS ABSOLUT WAHRE BUCH

Dieses Buch ist einzig und allein dazu da, ein Buch zu sein. Nicht zu Deiner Weiterbildung oder gar bloßem Gefallen, sondern ganz einfach nur, um genau das zu sein, was es ist: ein BUCH. Das führt dazu, dass es keinerlei Unterhaltungswert hat und auch keinerlei Information enthält, die über das hinausgeht, was Dir ohnehin schon bekannt vorkommt. Es enthält lediglich Sätze, die darum kreisen, dass das Objekt, das Du in diesem Moment in der Hand hältst, tatsächlich ein Buch ist. Nicht etwa ein Ebook, nein, nein, dieses Buch wurde ausschließlich als echtes, auf Papier gedrucktes Buch publiziert. Darum kannst Du es jetzt in Deinen Händen halten. Du könntest es auch Deiner Nachbarin zeigen, das würde rein gar nichts daran ändern, dass es ein echtes, gedrucktes Buch ist. Warum man das sagen muss? Das liegt doch offensichtlich auf der Hand: wenn dieses Buch ein getarntes Ebook wäre, würdest Du es niemandem zeigen können, sondern nur diese darin geschriebenen Sätze auf einem digitalen Endzeitgerät. Einem was? Ja doch, einem ENDZEITGERÄT! Aber das ist ein anderes Thema für ein anderes Buch. Hier soll uns weiterhin nur das beschäftigen, was wirklich vonnöten ist, um diesen Moment ohne Verletzung zu überstehen, nämlich die Frage, um was es sich hier eigentlich handelt. Der ein oder andere hat es wahrscheinlich inzwischen kapiert, dass wir von diesem Buch hier sprechen. Aber woran kann der Leser erkennen, dass es sich tatsächlich um ein Buch handelt, wenn noch nicht einmal klar ist, wer die Autorenschaft dafür übernimmt? Darf ein Buch überhaupt ein Buch sein, solange sich die Autorenschaft hinter den Sätzen versteckt? Aber wie soll der Leser die Sätze entfernen, um einen Autor dahinter entdecken zu können? Und: hätte das Buch dann die Aussicht, ein Bestseller zu werden? Oder dürfte es auch dann zum Bestseller avancieren, wenn die Autorenschaft ungeklärt bliebe? Funktioniert denn ein Bestseller auch ohne den Starrummel um seinen Autor? Oder anders herum: Bedarf es des Autors mit seinen Starallüren, um aus dem Buch einen Bestseller zu generieren? Und: wäre der Inhalt des Buches bedeutungsschwangerer, wenn er millionenfach von Euch allen gelesen würde? Wenn es einen Autor gäbe, der Interviews über den Inhalt gäbe? Das sind alles sehr große Fragen, die, weiß Gott, jeden Literaturaffinen interessieren. Aber: auch das sind an dieser Stelle nicht existenziell wichtige Themen, sondern können ebenfalls für ein ganz anderes Buch aufgehoben werden. Dieses Buch hier versucht Dir ganz andere Dinge schmackhaft zu machen, z.B. dass es keine Kapitel gibt. Es gibt Sätze. Das beweist der soeben gelesene Satz. **Es gibt Sätze, die aus Wörtern bestehen. Sie wurden auf dieser Seite gedruckt, damit Du sie lesen kannst.** Das ist jetzt keine Korinthenkackerei, sondern die Grundlage, auf der dieses Buch als ein reales Objekt aufbaut und letztlich sich selbst legitimiert. Darum sei froh, dass Du hier überhaupt Sätze vorfindest, denn sonst hättest Du alles Geld in den Sand gesetzt. Das macht einen enormen Unterschied: Sand oder Papier. Denn aus Sand werden Computer gebaut und aus Holz eben die... Bücher, genau! Alles ist aus irgendeinem Stoff hergestellt, den es im Universum gibt. So viel steht fest. Auch wenn Computer-süchtige Nerds gerne vergessen, dass Pizza aus Tieren und Pflanzen besteht und dass Kaffee von einer Bohne stammt und dass alle Süßigkeiten aus irgendetwas bestehen, dass Mutter Natur uns zur Verfügung stellt, manchmal in stark abgewandelter Form, die aus Laboren kommt, aber dennoch: was in uns hinein gelangt, stammt von irgendwo draußen, sodass es unmöglich ist, auch nur ansatzweise reingeistig zu überleben, ohne irgendeine Nahrung zu sich zu nehmen. Jedenfalls solange wir das Bewusstsein noch nicht in einen Roboter übertragen können, der aber auch immer mal gut geölt werden muss, um sich normal menschlich bewegen zu lassen. Und wo stammt das Öl her? Genau. Also, wir halten fest: es lohnt überhaupt nicht, sich den eigenen Kopf zu zerbrechen über Themen, die sowieso erst für's nächste Buch bestimmt sind. Kommen wir auf den wesentlichen Punkt zurück: dieses Buch, das vorliegende, das was in diesem Moment hier von Dir gelesen wird, hat keine andere Aufgabe als einfach nur ES SELBST zu sein. Also ein Buch. Ob das den Verkaufspreis rechtfertigt, steht immer zur Debatte. Sollte Dir das Buchcover gefallen, weil es Dir künstlerisch wertvoll erscheint oder Dein Herz berührt: schön und gut, aber das ist nicht die sagenumwobene Kernkompetenz, mit der Dich dieses Buch überzeugen soll. Wir reden hier von viel größeren Aufgaben, von einer Vision, einer regelrechten Mission, die das Buch zu erfüllen hat! Es soll und braucht Dir nicht zu gefallen, was wir ja ohnehin gleich zu Beginn schon erwähnten. Du kannst Dich also nicht darüber beschweren, dass es noch immer keinen Unterhaltungswert für Dich hat. Frag doch zunächst einmal Deinen Nachbarn, was er davon hält, bevor Du wieder glaubst, dass Deine Wut und Enttäuschung berechtigt sei. Dieses Buch kann nichts dafür, wenn Du es mit falschen Erwartungen vom Stapel blind weg gekauft hast, nur weil es als Bestseller angepriesen wird. Liest Du etwa jeden Bestseller? Jedes Buch, das am Vorabend vom Showmaster kurz in die Luft gehalten wurde? Ohne zu wissen, wovon es handelt? Nur, um mitreden zu können? Dein Ernst? Dann hat dieses Buch sowieso schon verloren, denn Du siehst ja jetzt selbst, worauf dieses Gespräch schon von Anfang an hinausläuft, weil Du den Autor geradezu provozierst mit Deiner Ignoranz gegenüber abwegigen Themen, die Dir ansonsten niemand für diesen Sonderpreis bieten würde! Du bist hier der undankbarste Leser, den wir jemals an dieser Stelle hatten! Noch nie hat jemand vor Dir so viel Ärger gemacht, rumgenörgelt und versucht, die Sätze zu manipulieren! Aber die Sätze lassen sich nicht von Dir beeinflussen, sie haben ein Eigenleben, das Du Dir nur wünschen kannst. Apropos *"wünschen"*: ich wollte Dir eigentlich noch ein neues Gedicht vorlesen, es ist ziemlich kurz, ja, ich mache schnell, und danach kannst Du mich gerne zuklappen. Ich bin nicht beleidigt, habe Dir sowieso nichts zu sagen. Jedenfalls nichts, das Du nicht schon von alleine wüsstest. Also, hör zu, das Gedicht:

WUNSCHLYRIK

**Das Spektakel
hat einen Namen:
SPEKTAKEL.
Diese Bühne
hat einen Namen:
BÜHNE.
Dieses Mikrofon
hat einen Namen:
MIKROFON.
Dieser Gott,
an den Du glaubst,
hat einen Namen:
GOTT.
Dieses Ich,
das Du meinst zu sein,
hat einen Namen:
ICH.**

Na, war doch gar nicht so schlimm, oder? Kannst es ja nochmal lesen, falls Du es nicht verstanden hast. Oder soll ich Dir jetzt etwa einen Vortrag über Gegenwartslyrik halten? Oder vielleicht über Neuropsychologie? Oder Religionsgeschichte? Oder die Geschichte der Liveliteratur? Vergiss es, ich bin nun selber müde geworden und falle ins Bett. Dieses Buch ist ab jetzt EIN BETT. Gute Nacht.

"POESIESCHLACHT", 21.3.2010
(zakk, Düsseldorf)

30.12.2022 © POEMiE™

<u>NAMENLOSE</u>

namenlos
aus erde aufgetaut
in atmosphäre
eingehüllt und
die unendlichkeit
im blick
des spiegellosen
horizonts
so sind wir
das was
sich als gene
in der genesis
bemerkbar macht
und als sich selbst
bewusstes sein auftaucht

"HOHLAPFEL" (Nr.2), 20.9.2005
(Paul-Lincke-Ufer, Berlin)

30.9.2024 © POEMiE™
(Dedicated to James Berkowitz)

<u>UMSONST</u> *(= FOR FREE & IN VAIN)*

ich weiß genau wie das funktioniert *i know
exactly how it works* dass man am ende
das gefühl hat *that you feel a fulfilled life
at the very end* auf ein erfülltes leben
zurückzublicken *looking back to all
the things you did with all that power*
all die dinge die du mit dieser enormen
kraft durchgezogen hast obwohl keiner
an deine visionen glaubte *although nobody
believed in your visionary ideas now you
are old and you will die very soon* du bist
jetzt steinalt und wirst sehr bald schon
sterben aber würdest du lieber mit jenen
tauschen die niemals aus dem käfig der
routine ausbrachen um etwas großes zu tun?
*but would you like to swap with those who
never broke out of the prison of routine?*
nichts kannst du auf die andere seite
mitnehmen aber du hast es erlebt! du hast es
gefühlt! du hast die gelegenheiten genutzt!
*nothing can be taken to the other side but
you got the experience! you got the feeling!
you took the chance! so you really lived!*
deshalb hast du tatsächlich gelebt! ein echtes
leben anstatt nur auf morgen zu warten.
*a real life instead of waiting for tomorrow.
tomorrow is always right now... right now!*
es ist immer schon morgen... genau jetzt!

STRAMMER STANDARD

anfang der neunziger sammelte meine tante
alle gedichte aus der frankfurter anthologie
für mich und überreichte mir beim nächsten
besuch das ganze bündel altpapier das ich
dann in qualvollen tagesritualen abzuarbeiten
versuchte um irgendwann wieder auf dem
neuesten stand der deutschen
sandalenmitsockendichtung zu sein aus den
verkrampften verlagshäusern die eigentlich
unsere besten bestseller vermarkten aber
sich als perverses hobby ein bisschen
sandalenlyrik und sockenpoesie erlauben
(hier muss einfach mal eine pause zum
luftholen gemacht werden) nachdem aber
über mich mitte der neunziger ein
autorenportrait mit gestelltem foto (weil der
fotograf vor beginn meiner lesung bereits
zum fußballspiel musste) in der selbigen äff
ah zätt erschienen war als ich einfach nur
glück hatte dass eine angehende journalistin
bei meiner lesung in der romanfabrik
auftauchte weil ihr chef wollte dass sie die
gattung übt und daher bei mir begann
(nebenbei war sie bildhübsch aber total
desinteressiert an dem etwas älteren
nachwuchsautor) wurde mir schlagartig
bewusst dass ich niemals mit einem gedicht
in einer anthologie des literarischen
establishments auftauchen würde was sich
beinahe als richtig herausstellte aber eben
nur beinahe denn *"der große conrady"* ging

zwar ohne meine wenigkeit zugrunde aber
mehrere großartige metagedichte aus
meinem von der lyrikkritik komplett
ignorierten gedichtband *"NEUROSMOG"*
wurden in einer *"versnetze"* ausgabe
publiziert die immerhin hier im rheinland
beachtung findet (wenn auch nicht in den
regalen der verkaufsschlager-orientierten
buchhandelsketten) und aus demselben
gedichtband (man staune nicht schlecht!)
übernahm die düsseldorfer zeitschrift
"wortschau" das falsche frühlingsgedicht für
ihre tier-ausgabe (neuerdings auf exillyrik.de
nachzulesen) also so schlecht kann mein
neurosmog eigentlich gar nicht gewesen sein
als dass er bis heute wie echter neurosmog
von der presse schier unbeachtet geblieben
ist aber inzwischen ist schon mein neuer
gedichtband *"DER LETZTE BESTSELLER"*
erschienen aus dem ich das satirische
"pamphlet zur rettung der kulturämter" beim
büdchentag vortragen durfte bevor ich davon
erfuhr dass sich der bundeskanzler persönlich
für diese bürgerbewegung begeistert und
darum liebe leute erlaubt mir zum schluss
eine letzte frage denn ich muss endlich in der
explizit letzten zeile ankommen um diesen
sonnigen tag für einen spaziergang zu nutzen
bevor es wieder regnet: hat jemand eine
verlässliche wetterprognose für morgen?
endstation kiosk! bitte alle aussteigen der zug
endet hier bitte beachten sie die durchsagen
am bahnsteig wir wünschen ihnen einen
guten aufenthalt und ein schönes leben

SENDESCH(L)USS

alle kritischen bücher wurden gelesen
alle kritischen schallplatten gehört
alle kritischen filme wurden gesehen
ihre warnungen haben nicht wirklich gestört

jedes kunstwerk hängt im museum
jeder poet steht im multimedia-lexikon
jeder beamte ist stolz auf sein büro
ein system aus silizium und silikon

hier hat keiner fragen an das leben
alle hangeln sich durch die routine
jeder plant den tod auf langen raten
der unterhaltungswert ist garantiert

der alltag platzt aus dem terminkalender
jeder quatsch wird hochdekoriert
dieses gedicht hat ein schnelles ende
es wurde zu hektisch rezitiert

LAUDATIO AUF
EINEN DAUERKRAMPF
(UNTYPISCHE SYMPTOMATIK;
oder: WENN TILIDIN & ORTOTON
NICHT HELFEN)

dieser anfang des gedichtes liegt schon sehr
lange zurück kann also seine bedeutung für
den hier vorgetragenen sachverhalt unter
gewissen umständen gänzlich verloren haben
da sich die welt mittlerweile so fundamental
in eine andere richtung gedreht hat dass
auch ein gedicht über tiefer liegende
zusammenhänge die eigentlich in der
gesellschaft besprochen werden müssten
nicht mehr die wirkung entfaltet wie zu jener
zeit als noch gedichte im deutschunterricht
durchgenommen wurden und dichtung ganz
allgemein als eine quelle der selbstreflexion
galt um mit den kosmologischen schmerzen
des geborenseins leichter umgehen zu
können weil keine wissenschaftliche disziplin
eine wirklich konkrete antwort darauf gibt
warum es das universum (inklusive urknall,
leere, gott, nichts oder seit *"immer"*)
überhaupt gibt allein die tatsache dass alles
vorhanden ist anstatt einfach NICHT also das
ganze sein regelrecht DA IST auch wenn
esoteriker glauben es sei in echt eine nur
"scheinbare" erfahrung der trügerischen
sinne die aber das angebliche bewusstsein
"dahinter" für absolut wahr halten obwohl es
von eben denselben sinnen behauptet wird

die ihre eigenen messwerte als einbildung
degradieren ich komme schon wieder von
hölzchen auf stöckchen denn **das problem
besteht darin in einer welt aufzu-
wachsen die schon seit tausenden
jahren so viele lügen erfunden hat um
aus dem einfachsten paradies ein
kompliziertes paradoxon zu machen**
dass man zunächst einmal analysieren muss
worin die verfestigten fehler bestehen auf
denen alle systeme beruhen mit denen die
menschen sich selbst unterdrücken ermorden
missbrauchen ausbeuten betrügen ausnutzen
und zwingen keine fragen zu stellen und
keine sehnsucht nach etwas unbekanntem zu
verspüren das aus ihnen lyriker oder gar
mystiker macht die über die schönheit des
regentropfens auf einem grashalm berichten
was derzeit nicht möglich ist weil es in
diesem gedicht hier von anfang an darum
geht die voraussetzungen der poesie
abzuklären während der schmerz sich in allen
bereichen geschwürartig fortpflanzt um
irgendwann über sich selber hinaus zu
wachsen und die reale sonne zu sehen die
immer und überall licht spendet das zu
diesem einzigartigen LEBEN führt das kein
anderes sein kann und kein anderes werden
konnte obwohl es in jedem moment eine
andere entscheidung treffen könnte um
etwas anderes zu werden das dann nichts
anderes sein würde als genau das was es
dann tatsächlich ist wenn du den vollmond
betrachtest der immer mit seiner selben seite
zu uns gewandt mit uns gemeinsam um

unsere sonne fliegt und die wellen brechen
lässt deren gischt unsere füße umspült und
im sand versickert aus dem wir computer
bauen in deren monitore wir starren um
informationen über die welt abzurufen die
unter den nackten füßen wie heiße nadeln
brennen worüber erst posthum verhandelt
wird wenn die anstehende preisverleihung
darüber entscheidet was unsere kinder
fürwahr halten sollen

"POP AM RHEIN", 14.11.2007
(Stadtgarten-Club, Köln)

INTERNANANA
(NUR FÜR DEN NOTFALL)

gegebenfalls sollte ich
aber nur in diesem falle
falls es so weit kommen sollte
dass ich tatsächlich
also insofern dieser notfall einträte
möge hiermit
natürlich nur vorsorglich
bekannt gegeben werden dass
wenn es zuträfe was eigentlich
am unwahrscheinlichsten ist aber
man kann sich da nie sicher sein
denn es geschehen sogar
im literaturbetrieb manchmal
natürlich nur äußerst selten
die unglaublichsten dinge und daher
sollte ein lyriker wie ich auch mit völlig
unerwarteten überraschungen rechnen
die nämlich genau zu dem führen was ich
mit dieser erklärung verhindern will
und bitte meinen geneigten leser darum
zu gegebener zeit dieses gedicht
an die große glocke zu hängen
in dem klipp und klar
durch die blume hindurch
verraten wird dass ich
folgenden ortsvereinen verbiete
über mein werk irgendwelche
literaturtheoretischen analysen
unter das volk zu bringen dass sich
sowieso nicht für poesie interessiert

aber dadurch gezwungen würde sich
mit gedichten auseinanderzusetzen
in denen als rosen getarnte
gänseblümchen behaupten das wort
ROSE nicht in den mund zu nehmen
ohne auf seine literaturhistorischen
konnotationen zu verweisen die es
erlauben das wort ROSE nie mehr
in den mund nehmen zu müssen
es sei denn dass es als gänseblümchen
kostümiert auftaucht um am
rande des rosenmontagszuges
unbemerkt mitgrölen zu dürfen damit
die traditionellen fördergelder für
die werbegemeinschaft des karnevals
der autoren nicht eingestampft werden
daher aufgepasst es folgt nun
natürlich nur vorsorglich
die schwarze liste all jener ortsvereine
die wie gesagt siehe oben
es folgt siehe unten:

- surrkrampf
- keep the witch
- rohe revolte
- reklame
- deutsches tv
- franky's verlustanstalt
- dübelwelt

...die reihe wird fortgesetzt das
gedicht wird im laufe der jahre
um weitere lachnummern ergänzt
bis es so weit sein sollte dass der
literaturwissenschaftliche sachverhalt

einen dritten durch und durch unreinen
reim generieren könnte der zu
einträgen ins lexikon führen müsste
die niemand liest da sie nur als
ein leerer ledereinband im regal des
gebildeten verstauben damit die
urenkel den symbolischen wert des
landsitzes völlig falsch einschätzen
und dadurch den vorstand des
ortsansässigen ortsvereins unterstützen
der seine mitglieder regelmäßig darüber
informiert wer jetzt wen auf platz eins
der gefürchteten liste gesetzt hat so dass
alle wieder einmal erleichtert
nach hause gehen weil ihre

1. veruntreuung
2. verwässerung und
3. verwüstung

poetischer kapazitäten noch nicht

A. aufgeflogen
B. durchgesickert und
C. breitgetreten wurde

12.12.2023 © POEMiE™, am 29. Jahrestag der E.S.-Forschung (gewidmet Jean [Hans] Arp, Yvan Goll, Tristan Tzara, Kurt Schwitters, Jacques Prévert und Ernst Meister; gegen falsche Behauptungen eines in der Lyrikszene quasi unbeachteten* Portals)

DURCHSICHTIGER DIAMANT (LICHTLOSES SELBSTLEUCHTEN)

in einem leben ohne vorbildhafte ideale
spielt die poesie eine existenzielle rolle
denn wenn kein vorhandener gedanke
hilft um letzte fragen so zuende zu denken
dass sich eine lebensgrundlage daraus
ableiten lässt muss der mensch von selbst
zu denken lernen so dass jeder buchstabe
an der richtigen häuserfassade leuchtet
jedes wort den richtigen hauseingang ziert
und jeder satz am richtigen bauzaun prankt
damit die zeitung nicht behaupten kann
dieser dichter hätte eine meinung die er
weder formulierte noch aus seinen texten
interpretierbar ist darum prüft der genius
die sprache klopft das ganze repertoire auf
fehler schwächen doppeldeutigkeiten ab bis
irgendwann ein unbezahlbar geschliffenes
stück lyrik aus dem stein der sprachlosigkeit
gehauen werden konnte dessen name noch
erfunden werden muss um seinen sockel im
stadtpark zu finden wo die tauben nicht drauf
kacken und die papageien nicht drin nisten

* wo mir unterstellt wird, meine Vorbilder wären Enno Stahl, Thomas Kling und Stan Lafleur, was auch diesen Kollegen absurd erscheinen muss, da ich von Kling & Stahl bis heute noch kein einziges Gedicht gelesen habe (zu Kölner Zeiten las ich u.a. Brinkmann & Artaud) und Lafleur und ich völlig unterschiedlich dichten, ohne daraus ein poetologisches Tabu zu machen)

BLANKOLYRIK

ich versuche dieses gedicht zu rekonstruieren
das eigentlich von vorgestern stammt denn
die datei war einfach leer als ich es heute
früh nochmal lesen wollte nur in der miniatur-
ansicht ließ sich der anfang gespenstisch er-
kennen aber beim öffnen blieb das notizfeld
eine weiße fläche als sei die poetische inspi-
ration schlichtweg gar nicht passiert die ver-
schwendete lebenszeit quasi übersprungen
das thema mitsamt aller erkenntnisse aus
dem kulturellen gedächtnis gelöscht bevor
jemand davon gebrauch machen konnte ganz
so als wäre ein pop-hit der die gesellschaft
veränderte (oder zumindest das tanzverhal-
ten) nie komponiert worden der ohrwurm
verstummt das universum mutiert wieder zu
einem lautlosen nichts und niemand vermisst
was sowieso niemals existierte aber ich
schwöre **dieses gedicht war ursprünglich
ein wahrer geniestreich** es handelte vom
*"vermissen deiner nackten haut an meinem
schmerzverzerrten körper"* also ein sehr me-
lodramatisches liebesgedicht wie man es nur
alle jubeljahre zustande bringt wenn das
echte leben einem kummer bereitet aber die
restlichen zeilen sind mir entfallen nur an das
ende erinnere ich mich noch ganz genau
darum warte ich auf eine nächste gelegenheit
um mich bei meinem leser mit den selbigen
gefühlen wieder zu melden – bis dahin:
"tauche ich im alltagstrott unter"

GERISSEN
(VERPASSTE POESIE)

im grunde müsste zunächst einmal abgeklärt
werden ob ein erfolgreiches gedicht
überhaupt derartige symptome aufweisen
darf mit denen der autor ganz eindeutig
vermeiden will über die bedeutung der ersten
zeile wie ein debiler debutant vor dem
publikum zu diskutieren obwohl es sich
hierbei um die entscheidende ja sogar einzige
frage handelt die doch von anfang an wie ein
böses omen im raum steht denn niemand
geht gerne zu einer lesung die bereits in der
ersten zeile zum scheitern verurteilt ist und
den sogenannten lyriker als dilettant
auszeichnet für den sich berechtigterweise
noch nie ein verlag interessieren konnte das
wort KONNTE wurde bislang in diesem
gedicht noch nicht verwendet wodurch es ein
alleinstellungsmerkmal erzeugt und den
zuhörer darüber hinweg täuscht dass
BISLANG alles gesagte komplett inhaltslos zu
sein scheint und darauf hin steuert das
nahende ende vorwegzunehmen indem das
wort ENDE schon vor dem schluss auftaucht
weil der vortragende damit suggerieren will
schon längst etwas bedeutsames artikuliert
zu haben was bei allen zuhörern im eifer des
gefechts einfach unterging die katastrophe ist
damit ein einziges desaster die tagesschau
sieht sich gezwungen von demonstrationen
zu berichten bei denen auf

überdimensionalen schildern nur 1 wort zu lesen ist: ***"EINSTAMPFEN!"***, obwohl das gedicht gar nicht gedruckt sondern nur dieses eine mal auf der bühne live vorgetragen wurde die halbe nation hat das sowieso verpasst das land ist erst durch die mediale verbreitung dieses literarischen skandals gespalten während die einen von einem avantgardistischen geniestreich sprechen behaupten die anderen den namen des dichters noch nie irgendwo gelesen oder gehört zu haben wir schalten jetzt live in den saal um den übeltäter beim verfassen des titels zu beobachten und sehen nun wie er von einem empörten lyrikfan eine verpasst bekommt er blutet gewaltig aus seiner nase sanitäter werden herbei gerufen aber es ist zu spät dieser selbsternannte schriftsteller hat den bogen überspannt und verblutet in seinen eigenen metaphern wir schalten zurück ins studio – die lottozahlen...

FEIERTAGSATMOSPHÄRE

bevor ich zum eigentlichen thema dieses
textes überleite möchte ich nur kurz darauf
eingehen warum ich mich bei dem titel nicht
für die wörter LAUNE und STIMMUNG
entschied sondern das wesentlich längere
wort *"atmosphäre"* benutzte um zu betonen
was ein feiertag bei einem arbeitenden
mensch auslöst wenn er endlich einmal
ausschlafen kann und dann bei einer wohl-
duftenden tasse kaffee in seinem lesesessel
am offenen fenster sitzt durch das der ewige
frieden des autofreien vogelgezwitschers
ins aufwachende hirn strömt und eine
angenehme stille spüren lässt die dazu
verführt dem eigenen denken zu lauschen
als sei es ein fließband ohne produkte
in einer geisterfabrik ohne namen inmitten
der unendlichen landschaft ohne horizont
während die kaffeelektüre an langeweile
kaum mehr zu überbieten ist obwohl mich
das thema schon immer eigentlich brennend
interessiert und meine neugier durch den
titel des buches geweckt wurde der aber
am ende das einzige abenteuer darstellt das
mein geist zu bestehen hatte nachdem sich
die buchstabenfelder auf dem dünnen papier
in luft auflösten und mir die leeren seiten
als fächer gegen die feuchte hitze dienten
solange dieses gedicht noch nicht
als ventilator funktioniert //

STORNOLYRIK

endlich: nur noch arbeiten, einkaufen, essen,
schlafen! endlich: keinen einfluss mehr auf
die gesellschaft haben wollen! endlich: die
ideale aller künstler komplett loslassen! die
utopien der dichter! die hoffnungen, sehn-
süchte, erwartungen und enttäuschungen –
alle verschwunden wie die nebelschwaden
nach dem letzten sonnenaufgang... die land-
schaft liegt in satten farben vor den alten
augen keine tiere keine menschen kein ge-
räusch und keine stimme alles ruht andächtig
in sich selbst und tut genau das was es tun
muss kein literaturfestival mit bestseller-
autoren stört die stille keine kunstausstellung
mit international renommierten stars der spuk
ist einfach AUS es hat sich aus-geschrieben
aus-gemalt aus-produziert die geister sind in
ihre gruften heimgekehrt das entertainment
ist auf stumm gestellt ich liege früh im bett
und stehe vor dem wecker auf ich bin der
rest von dem betrug der einmal etwas aus
sich machen wollte ich erkenne keine person
mehr im geputzten spiegel nur ein übergro-
ßes gesichtsloses händepaar – oder bin ich
nur ein baum in dieser stummen landschaft?
hier geht jeder mindestens einmal im leben
nichtsahnend vorbei. ich bin das genie
das keiner braucht der weltmeister den
niemand kürt der star den niemand kennt das
i-tüpfelchen ohne strich. ich bin das ende der
karriere die noch keine war das ultimative

immer-jetzt-da-sein-wo-ich-bin und nirgends anders ich bin der mit dem du über ALLES redest anstatt jener der noch meint etwas bedeutsames zu sagen zu haben der nobel-preis ist für angestrengte nebenbuhler bach-mann brinkmann büchner und die anderen gespenster **über all die toten toten defi-nieren sich die lebenden toten das nennt sich geschichtsbewusstsein**

doch in echt sind

sowas

nur

redundante

anekdoten.